Inhalt

Schnüffelattacken - Industriespione setzen auf modernste Informationstechnologien

Kernthesen

Beitrag

Fallbeispiele

Weiterführende Literatur

Impressum

Schnüffelattacken - Industriespione setzen auf modernste Informationstechnologie

Harald Reil

Kernthesen

- Der US-Geheimdienst weiß von 760 Hackerangriffen auf westliche Unternehmen, die während der letzten zehn Jahre von China aus lanciert wurden.
- Allein in Deutschland entsteht durch Industriespionage ein Schaden zwischen 20 und 50 Milliarden Euro pro Jahr.
- Mehr als 50 Prozent der Unternehmen, die von Industriespionage betroffen sind, sind mittelständische Unternehmen.
- Auch soziale Netzwerke wie Facebook, Xing

und LinkedIn sind potenzielle Gefahrenherde für Industriespionage.
- Da die Wirtschaftskriminalität vermutlich zunehmen wird, installieren immer mehr Firmen Compliance- und Antikorruptionsprogramme.

Beitrag

Auch Google ist vor Industriespionage nicht sicher

Spione sind taffe, zwielichtige Kerle, die sich in nicht minder zwielichtigen Spelunken oder in dunklen Gassen treffen, um dort geheime Informationen auszutauschen. Und wenn es sein muss, werden sie auch schon mal handgreiflich und scheuen selbst vor Mord und Totschlag nicht zurück. So hat uns der Meister des Genres, John le Carré, die geheimnisvolle Welt der Schnüffler und Späher in seinen Romanen geschildert. Mittlerweile rückt auch die Industriespionage immer mehr in den Gesichtskreis der Öffentlichkeit. Mithilfe modernster Informations- und Kommunikationstechniken spionieren High-Tech-Wizards Firmen, Ämter und Behörden aus. Hinter vielen dieser Cyberattacken vermuten die

Experten China. Allerdings ist unklar, ob die Regierung in Peking die Auftraggeberin ist. Der US-Geheimdienst, so berichtet die Nachrichtenagentur Bloomberg, indem sie sich auf einen Insider beruft, hat jedenfalls während der vergangenen zehn Jahre rund 760 Fälle von Hackerangriffen auf westliche Unternehmen ausgemacht, die alle vom Reich der Mitte aus lanciert wurden. Auch der Internetriese Google war betroffen und zog sich daher im Jahr 2010 aus China zurück. (1)

Zwischen 20 und 50 Milliarden Euro Schaden pro Jahr

Deutsche Firmen sind vor Industriespionage natürlich ebensowenig sicher. Das zeigt eine Untersuchung, die vor kurzem die Hamburger Management- und IT-Beratungsfirma Steria Mummert Consulting AG veröffentlicht hat. Rund 25 Prozent der Firmen und Behörden, die für die Studie Rede und Antwort standen, waren sich sicher oder vermuteten zumindest, bereits einmal Opfer von Spionageangriffen geworden zu sein. Über ein Drittel der Unternehmen gab zu Protokoll, dass sie die Gefahr, ausspioniert zu werden, als hoch beziehungsweise sogar als sehr hoch einschätzten. Mehr als ein Viertel sagte, dass sie um ihre Existenz fürchten müssten, wenn ihre Betriebsgeheimnisse in die falschen Händen gelangen würden. Das Bundesinnenministerium bestätigt die große Gefahr, die von Industriespionen ausgeht. Die zuständigen Beamten schätzen, dass deutsche Firmen aufgrund von Wirtschaftsspionage Jahr für Jahr einen Schaden zwischen 20 und 50 Milliarden Euro zu verkraften haben. Die Dunkelziffer liegt aber wahrscheinlich sogar noch höher, da viele Unternehmen entweder nicht bemerken, dass sie ausspioniert werden oder aus Angst vor Imageschäden und ihren Folgen schweigen. Dass diese Angst berechtigt ist, zeigt eine Studie, die das Wirtschaftsprüfungs- und Beratungsunternehmen PricewaterhouseCoopers gemeinsam mit der Martin-Luther-Universität Halle-Wittenberg vor kurzem veröffentlicht hat. Darin bestätigen 50 Prozent der Firmen, die Opfer von Industriespionage wurden, über eine deutliche Verschlechterung ihrer Beziehungen zu Geschäftspartnern. (2), (9)

Mittelstand ist viel zu leichtsinnig

Im Gegensatz zu Großkonzernen, die in umfangreiche Schutzmaßnahmen gegen Industriespionage investieren, scheint der deutsche Mittelstand die Gefahr eher auf die leichte Schulter zu nehmen. Das ist ein fataler Fehler, wie die Schadensstatistik zeigt; denn über die Hälfte der von Wirtschaftskriminalität betroffenen Firmen sind mittelständische Unternehmen. Täter sind oft die eigenen Mitarbeiter, Geschäftspartner oder Dienstleister. Aber auch die russischen und chinesischen Nachrichtendienste zapfen die vertraulichen Informationen deutscher Unternehmen gerne an. So berichtet etwa der Verfassungsschutz, dass die 375 000 Beamten des russischen Nachrichtendienstes sogar per Gesetz (sic!) verpflichtet sind, Wirtschaftsdaten auszuspähen. Dass dies so gut funktioniert, führen Experten auch auf erhebliche Sicherheitslücken in der IT-Struktur der betroffenen Unternehmen zurück. Hier gilt es, gezielt Schwachstellen oder Gefahrenpotenziale zu identifizieren und ein Sicherheitskonzept inklusive Notfallplan zu erstellen. Gerade der Mittelstand hat da noch Nachholbedarf. (3), (6), (7)

Trends

Industriespionage per Internet nimmt rapide zu

Das Internet spielt im Zusammenhang mit der Industriespionage eine immer wichtigere Rolle. Darauf weist das Bundeskriminalamt hin. Die

Schadenssumme sei im Jahr 2010 auf rund 4,7 Milliarden Euro angewachsen. Im Vergleich mit 2009 bedeutet das einen Anstieg um 1,2 Milliarden Euro. (3)

Auch Facebook, Xing und Co. sind potenzielle Gefahrenherde. Findige Spione betreiben auf diesen Plattformen so genanntes "Social Engineering". Das heißt, sie freunden sich mit Mitarbeitern von Firmen an, an deren Geheimnissen sie interessiert sind und quetschen ihre Netzbekanntschaften nach allen Regeln der Kunst aus. Dass diese Gefahr keineswegs aus der Luft gegriffen ist, bestätigt auch Reinhard Vesper, der für die Verfassungsschutzabteilung des nordrhein-westfälischen Innenministeriums arbeitet. Dank der weitverbreiteten Nutzung von Social Media müssten sich Industriespione schon lange nicht mehr von ihren Schreibtischstühlen erheben, um an vertrauliche Informationen zu gelangen. (8)

Auf dem Vormarsch: Compliance- und Antikorruptionsprogramme

Mehr und mehr deutsche Firmen richten angesichts der zunehmenden Fälle von Industriespionage Compliance-Programme ein. Noch im Jahr 2010 sahen über 50 Prozent der Unternehmen dafür keine Notwendigkeit; mittlerweile sind es nur noch 43

Prozent. Das hat eine Untersuchung der Abteilung Forensic Services der Wirtschaftsprüfungs- und Beratungsfirma PricewaterhouceCoopers zutage gefördert. Ebenfalls auf dem Vormarsch sind Antikorruptionsprogramme, die bereits 59 Prozent der befragten Unternehmen installiert haben. Denn der Feind lauert nicht nur außen, er treibt auch in den eigenen Reihen sein Unwesen. (3), (5), (6)

Fallbeispiele

"Shady Rat" spionierte fünf Jahre lang Unternehmen, Behörden und Ämter aus

Fünf Jahre lang hat "Shady Rat" sein Unwesen getrieben und mithilfe digitaler Spionageprogramme Informationen von über 70 Firmen, Ämtern und Behörden abgegriffen, ehe ihm Mitarbeiter des Hamburger Security Labs der Firma Sophos auf die Spur gekommen sind. Prominente Opfer sind unter anderem das Internationale Olympische Komitee und die Nachrichtenagentur AP. Vor allem aber hatte es "Shady Rat" auf die vertraulichen Informationen von Unternehmen abgesehen. Besonders interessant waren für die "zwielichtige Ratte", so der deutsche

Name des Spions, die geheimen Dokumente von Unternehmen der Rüstungsindustrie und ihrer Zulieferer, Hightech-Firmen, Unternehmen aus der Autobranche und mittelständische Maschinenbauer. Wer allerdings die Auftraggeber der "zwielichtigen Ratte" waren, ist nicht bekannt. Experten vermuten aber, dass die Spur nach Russland oder China führen könnte. (4)

Schmitz Cargobull verbietet bei Werksführungen Aufnahmen aller Art

Das nordrhein-westfälische Unternehmen Schmitz Cargobull nimmt das Thema Industriespionage sehr ernst. Der europäische Markt- und Technologieführer für Nutzfahrzeuge untersagt Teilnehmern an Werksführungen zum Beispiel strikt alle Foto- und Filmaufnahmen. Auch das IT-Netz ist mit einem hierarchisch abgestuften Sicherheitsnetz bestens geschützt. Dennoch ist natürlich auch Schmitz Cargobull nicht davor gefeit, wichtige Informationen an die Konkurrenz zu verlieren. Die größte Gefahr, so berichtet Unternehmenssprecher Gerd Rohrsen, gehe von Mitarbeitern aus, die von Wettbewerbern abgeworben würden. (6)

Einfache Tricks führen oft sogar bei IT-Experten zum Erfolg

Laut Dirk Kollberg, IT-Spezialist der Hamburger Firma Sophos, erweisen sich ganz einfache Tricks immer wieder als erfolgreich. So werden beispielsweise infizierte USB-Sticks im Gebäude oder auf der Straße in der Nähe des Firmengebäudes abgelegt. Bis zu 50 Prozent der "USB-Findlinge" landen seiner Einschätzung nach tatsächlich im Büro und werden in den Rechner gesteckt. Und damit ist dann oft bereits die Malware installiert und kann sich auch gleich im Firmennetzwerk verbreiten. Über die im Web verbreiteten Kontaktinformationen von Firmenansprechpartnern wird es zudem Industriespionen oftmals leicht gemacht, Firmenmitarbeiter gezielt zu kontaktieren, nicht selten sogar leitende IT-Manager, um dann per Phishing deren bevorrechtigte Zugangsdaten herauszufinden. "Der bekommt dann eine E-Mail, die täuschend echt aussieht, als käme sie von der IT-Abteilung. Darin wird er aufgefordert zum Beispiel aus irgendwelchen Wartungsgründen seine Zugangsdaten durchzugeben". (4)

Weiterführende Literatur

(1) "Hier werden ganze Industrien gestohlen"
aus Die Presse vom 2011-12-15, Seite: 18

(2) Wirtschaftsspionage ist kein Mythos
aus COMPUTER-INFORMATIONS-DIENST vom 19.Januar 2012

(3) "Wirtschaftskriminalität wird noch unterschätzt"
aus Versicherungswirtschaft, 01.01.2012, 67.Jg., Nr. 01, S. 30

(4) Datensicherheit - Bis der Kammerjäger kommt
aus ProFirma, Vol. 14, Heft 10/2011, S. 80-83

(5) Schäden steigen an
aus handelsjournal - Das Wirtschaftsmagazin für den Einzelhandel Heft 01/2012, Seite 4

(6) Spione nehmen Mittelstand unter Dauerbeschuss
aus DVZ, Nr. 113 vom 20.09.2011

(7) IT-Sicherheit Oft sträflich vernachlässigt
aus SteuerConsultant, Vol. 4, Heft 10/2011, S. 46-48

(8) Gefährliche Freundschaften
aus Computerwoche, 07.11.2011, Nr. 45

(9) Wirtschaftskriminalität: Top-Manager mischen mit
aus VDI NR. 43 VOM 28.10.2011 SEITE 25

Impressum

Schnüffelattacken - Industriespione setzen auf modernste Informationstechnologien

Bibliografische Information der deutschen Nationalbibliothek

Die Deutsche Nationalbibliothek verzeichnet diese Publikation in der deutschen Nationalbibliografie; detaillierte bibliografische Daten sind im Internet über http://dnb.d-nb.de abrufbar.

ISBN: 978-3-7379-0384-4

© 2015 GBI-Genios Deutsche Wirtschaftsdatenbank GmbH, Freischützstraße 96, 81927 München, www.genios.de

Alle Rechte vorbehalten. Dieses Werk ist einschließlich aller seiner Teile – z.B. Texte, Tabellen und Grafiken - urheberrechtlich geschützt. Jede Verwertung außerhalb der Grenzen des Urheberrechtsgesetzes bedarf der vorherigen Zustimmung des Verlags. Dies gilt insbesondere auch für auszugsweise Nachdrucke, fotomechanische Vervielfältigungen (Fotokopie/Mikroskopie), Übersetzungen, Auswertungen durch Datenbanken oder ähnliche Einrichtungen und die Einspeicherung und Verarbeitung in elektronischen Systemen.